CRÉDIT

NON REMBOURSABLE

57
778

CRÉDIT

NON REMBOURSABLE

◆

APPLICATION DE CE SYSTÈME

AU DÉPARTEMENT DE L'INDRE

PAR

E. BARONNET

TOURS

IMPRIMERIE-LIBRAIRIE DE JULES BOUSEREZ

—

1870

CRÉDIT
NON REMBOURSABLE

CHAPITRE PREMIER.

Dans une brochure que nous avons déposée au Corps Législatif le 28 juin 1870, nous avons donné des explications très-détaillées sur un système financier qui peut procurer le crédit à tout le monde, sans que l'emprunteur soit tenu du remboursement.

Nous avons voulu plaider la cause de ceux qui n'ont pas de capital à leur disposition pour travailler et produire par eux-mêmes et pour lesquels l'argent est presque impossible à trouver.

C'est bien audacieux de notre part, surtout en présence d'une organisation telle que la France la possède en ce moment.

Cependant nous ne saurions nous arrêter devant cet obstacle. Notre devoir est d'essayer de résoudre ce problème si difficile.

Peut-être nous saura-t-on gré d'avoir eu le courage d'exposer notre pensée qui risque d'être accrochée aux épines et mise en lambeaux par les possesseurs actuels du capital.

Qu'importe? nous avons la croyance qu'en l'expliquant nous rendrons service aux industriels, aux fabricants et aux banquiers eux-mêmes, aussi bien qu'aux ouvriers et aux prolétaires.

Tout étrange et discutable que cela paraisse au premier abord, nous allons chiffrer notre idée de façon à la rendre saisissable pour tout homme qui voudra l'étudier sérieusement.

Si la France a la chance de rencontrer un ministre des finances énergique et persévérant, qui veuille alléger les impôts qui écrasent le pays, il attachera son nom à un grand acte dont ses concitoyens lui sauront gré.

Il aura des routines à détruire, des hostilités à vaincre, des intérêts à froisser. Mais que sont ces difficultés qui s'évanouissent quand on les regarde en face, quand la solution peut amener la fortune chez une nation aujourd'hui dévorée par une usure qui n'a plus de limite dans ses appétits.

On pourrait craindre que l'État, en distribuant le crédit, devînt l'arbitre souverain de

la fortune publique, mais nous avons indiqué le moyen d'empêcher sa partialité.

Procédons par l'exemple et entrons dans
les faits.

L'État délivre à l'emprunteur un billet,
garanti par lui, de 100 fr. par exemple. Dès
lors le billet offre toute sécurité.

Le premier possesseur de ce billet paye à
l'État 15 fr.; voilà la première somme ac-
quise au Gouvernement.

Que fait l'emprunteur de ce billet? Il
achète pour 100 fr. de marchandises et le re-
met en payement à son vendeur.

Mais il colle au dos du billet, qui a vingt-
trois cases, un timbre de 5 fr. que le Gouvernement lui a vendu.

Si l'on ajoute ces 5 fr. aux 15 fr. déjà reçus
par l'État, le billet aura coûté à ce premier
emprunteur 20 fr., ce qui lui laisse un reste
ou bénéfice de 80 fr.

Et remarquez bien que cet emprunteur ne
reverra plus son billet. Il n'en est plus res-
ponsable; personne ne peut lui en réclamer
le payement.

C'est l'État, qui aura reçu par les vingt-
trois timbres de 5 fr. 115 fr., qui rembour-
sera au vingt-troisième porteur du billet les

100 fr. dus. Il aura encore un boni de 15 fr., ce qui, avec les 15 fr. reçus par lui à l'origine, lui assure un bénéfice de 30 0/0 ou 30 fr.

Le tableau que nous en avons donné en rend la démonstration claire et mathématique.

L'État ne peut payer le billet sans que les vingt-trois cases placées au dos soient garnies de leurs timbres de 5 fr., sinon il ne le solde pas.

Il faut que ce billet passe par les mains de vingt-trois négociateurs. Là est le problème.

Le crédité admis reçoit du percepteur autant de billets de 100 fr. chacun que son crédit le comporte. Si son ouverture de crédit est de 10,000 fr., il reçoit cent billets de 100 fr. et ainsi de suite jusqu'à la limite fixée.

Ce crédit est moralisateur; il force celui qui y est admis à abandonner les mauvaises habitudes. L'inconduite lui serait reprochée par ses concitoyens. La femme, cette première et la meilleure moitié de l'homme, ne sera plus abandonnée pour le cabaret. Les liens de famille se resserreront.

Notons que lorsque les billets reçus par un ouvrier ou toute autre personne seront rentrés à la caisse de l'État et soldés par les vingt-trois timbres, l'emprunteur pourra redemander un nouveau crédit. Il peut même recommencer sa demande de crédit dans deux ans, lors même que les billets ne seraient pas revenus à l'État.

Quelques-uns des nombreux économistes qui ont bien voulu lire cette brochure un peu longue, entre autres, M. Crémieux, alors qu'il était député ; Fazy, ex-président de la république de Genève ; Figuerola, ministre des finances en Espagne, m'ont fait une objection qui a sa valeur, et dont je vais essayer de tenir compte.

Ils trouvent que les négociateurs qui font circuler les billets sont sacrifiés, ne touchent rien, tandis que le premier souscripteur retire tous les profits à leur préjudice.

Ils disent encore que les gros lots sont d'un prix excessif ; qu'il vaut mieux diminuer les premiers gros lots et augmenter le nombre des lots inférieurs.

Nous avions cependant indiqué sommairement le moyen de lever ces objections à la page 45 de la brochure, nous allons remédier à cet inconvénient, en développant l'idée d'une manière plus explicite et plus détaillée, en la corroborant par l'exactitude des chiffres.

Nous maintenons le nombre des billets que l'État fera circuler en France à 120,000,000 par an, ce qui représente 12,000,000,000 de francs d'affaires. C'est bien peu : M. de Rostchild et un autre grand banquier présent à notre entrevue me disaient, en juin 1870, qu'il était facile de faire une émission de 20 milliards de ce papier. Je crois qu'ils sont dans le vrai ; en France, il se fait annuellement pour 100 milliards d'affaires.

Nous avons dit que, sur une émission de 12 milliards, l'État faisait une recette de 3,600,000,000 fr. par an, et que sur le bénéfice il prendrait une part pour la distribuer aux preneurs des billets, au moyen d'une grande loterie trimestrielle.

Nous allons fixer l'importance de cette distribution et la porter à moitié des recettes de l'État.

C'est donc une somme de 1,800,000,000 fr. qui sera attribuée aux billets qui sortiront de l'urne.

De plus, nous préférons un tirage mensuel au tirage trimestriel.

Nous avons dit que le premier souscripteur avait un bénéfice de 80 fr. sur 100 fr., en prenant un billet de 100 fr.

Nous avons dit que sur les vingt-deux autres preneurs du billet, il n'y avait que le dernier porteur qui avait droit à la loterie. Il y avait alors vingt et un négociateurs qui ne recevaient rien.

C'est une objection de valeur qui nous a été faite, nous en tenons compte.

Il faut la faire disparaître.

Il faut donner à ces vingt-deux porteurs sacrifiés une part égale dans la distribution de la somme gagnée par le billet sortant à la loterie.

Voici le moyen.

Le timbre de 5 fr. placé au dos du billet de 100 fr., dans chacune des cases, aura une souche.

Le négociateur du billet détachera cette souche du timbre de 5 fr.

Il mettra sa signature sur le timbre de 5 fr. collé au dos du billet.

Il gardera en caisse cette souche, et lorsque le numéro du billet sortira à la loterie mensuelle, il se présentera au partage de la somme gagnée, il en recevra la 22me partie.

Si la somme gagnée est dans les plus bas prix, qui sont de 200 fr., il recevra 9 fr. et une fraction.

Comme le timbre qu'il a mis sur le billet lui a coûté 5 fr., il aura un bénéfice de 4 fr.

Si la chance veut que le lot sorti soit de 20,000 fr.. il recevra 900 fr., son bénéfice sera de 895 fr.

TABLEAU des Lots pour les 1,800,000,000 fr.

LOTS.	TIRAGE MENSUEL.		Multipliés par	SOIT PAR ANNÉE.
1 de	200,000	200,000	12 tirages	2,400,000
10 de	100,000	1,000,000	id.	12,000,000
20 de	50,000	1,000.000	id.	12,000,000
40 de	25,000	1,000.000	id.	12,000,000
100 de	10,000	1,000,000	id.	12,000,000
1,000 de	5,000	5,000,000	id.	60,000,000
10,000 de	1,000	10,000,000	id.	120,000,000
10,000 de	500	5,000,000	id.	60,000,000
10,000 de	400	4,000,000	id.	48,000,000
10,000 de	300	3,000,008	id.	36,000,000
594,166 de	200	118,833,200	id.	1,425,600,000
635,337 lots multipliés par 12 mois.		150,033,200	ég1'e	1,800,000,000
7,623,944 lots par an.				

Comme il y a 36,000,000 billets de 100 fr. mis en circulation, ce qui donne un rapport à l'État de 3,600,000,000 de francs, il se trouve que la chance du gain est de 1 billet sur 4-71, c'est-à-dire qu'il faudra moins de 5 billets pour gagner un lot.

Voilà donc levée l'objection capitale qui m'a été faite par M. Crémieux, il y a cinq mois. Tous les négociateurs du billet recevront une part égale de la somme gagnée par un numéro sortant.

Reste maintenant la difficulté dans la pratique, celle de l'application du timbre à souche sur le dos du billet. Cette difficulté n'est rien.

C'est au négociateur du billet à inscrire sur la souche qu'il a gardée en caisse et qu'il a détachée du timbre, le numéro du billet.

Et lorsqu'il verra sortir le numéro du billet sur lequel il a posé un timbre de 5 fr., il se présentera à la distribution de la somme gagnée.

Il justifiera qu'il a posé un timbre sur le billet gagnant, en indiquant sa propre signature mise sur le timbre, et portant le numéro d'ordre.

Il est bien entendu que les timbres fabriqués par le Gouvernement porteront chacun un numéro d'ordre, depuis le numéro 1 jusqu'au n° 36,000,000. L'État retire assez de profits de ces timbres qui ne lui coûtent rien pour apporter ses soins dans le numérotage.

Dans la brochure que M. Crémieux a étudiée scrupuleusement, ainsi que le constate la lettre qu'il m'a écrite avant la fatale guerre, nous avions porté à 1 fr. le timbre à apposer sur le billet de 100 fr., de sorte qu'il fallait 115 négociations au lieu de 23; mais il a trouvé que le timbre de 5 fr. n'est pas trop élevé, parce que la circulation du billet sera plus rapide. Nous reconnaissons qu'il a raison, et nous nous rangeons de son avis.

CHAPITRE II.

Nous allons indiquer une autre combinaison qui peut avoir du succès..

Nous voulons parler de l'application de ce système financier aux départements.

C'est surtout à eux que nous nous adressons, afin de les déterminer à faire une étude approfondie de l'idée, pour l'appliquer à leur profit.

Nous citerons par des chiffres indiscutables un exemple qui fera toucher du doigt le parti et les avantages dont les départements peuvent bénéficier, s'ils le veulent.

Département de l'Indre.

Le département de l'Indre, le mien, a deux chemins de fer dont il désire vivement la construction :

1° Celui de Tours à Montluçon ayant, sur

trois départements, un parcours de 191 kilomètres, dont 103 kilomètres se trouvent sur le territoire de l'Indre;

2° Celui de Port-de-Piles à la Châtre, où il s'embranchera sur celui de Tours à Montluçon, ayant un parcours de 100 kilomètres environ sur le département de l'Indre.

Nous admettons que ces deux voies ferrées nécessitent une dépense de 65,000,000 fr.

La dépense ne s'élèvera pas à ce chiffre; nous croyons qu'il y aura un reste important qui permettra aux villes de Châteauroux et du département parcouru de s'embellir, ce qui n'est pas à dédaigner.

Les administrateurs de ces deux chemins de fer seront les membres du Conseil général du département.

Il ne sera besoin d'émettre *aucune action ni obligation,* ni de demander à l'État *aucune subvention.*

Dans ce cas, il sera créé 1,000,000 de billets départementaux de 100 fr. chacun, ce qui produira 100,000,000 fr.

La création en sera faite comme si l'État les émettait lui-même. Ils seront assimilés aux billets de l'État.

Le Gouvernement aura intérêt à laisser créer ces billets par le département de l'Indre, puisque, au lieu de fournir une subvention dont il sera exonéré, nous voulons au contraire lui allouer une prime.

Il aura intérêt, par conséquent, à faciliter l'escompte d'une partie des billets émis, en les faisant bien accueillir par la Banque de France, puisqu'il en retire un bénéfice.

Le Conseil général lui-même prendra toutes les mesures favorables pour obtenir le concours bienveillant et le patronage des banquiers, des capitalistes et des propriétaires du département de l'Indre.

La garantie des billets sera donnée par le département.

Nous avons prouvé surabondamment que cette garantie était donnée *sans risques ni responsabilités* d'aucune sorte.

Nous pensons qu'une grande quantité de ces billets sera prise par les maîtres des forges du département, qui fourniront exclusivement les fers et les fontes; par les propriétaires des terrains expropriés; par les possesseurs des bois pour les traverses; par les ouvriers qui y seront sollicités par l'espoir d'une prime importante qui peut leur échoir au moyen des tirages de la loterie; par le nombreux personnel des employés, ingénieurs, inspecteurs attachés à l'exploitation,

par les entrepreneurs, par les tâcherons, etc.

L'État permettra au département de l'Indre la fabrication d'un million de billets départementaux de 100 fr., et des timbres de 5 fr., moyennant une prime de 5 p. 100 une fois donnée, et qui lui sera payée en espèces au fur et à mesure de l'émission des billets.

Il est bon d'acheter son concours intéressé, en lui payant cette prime, indépendamment du montant de la subvention qu'il ne sera plus obligé de fournir, comme il le fait actuellement.

Cette prime payée à l'État, il restera au département 95 p. 100, soit 95,000,000 fr.

Il payera les travaux de construction au moyen de ces valeurs de 100 fr.

La personne qui recevra un billet de 100 fr. en payement de ses fournitures ou de son travail, devra, pour le transférer et le faire circuler, acheter un timbre de 5 fr., et le mettre au dos du billet au moment où il prendra livraison de la marchandise achetée, ainsi que nous l'avons longuement expliqué dans notre brochure.

Chaque négociateur du billet de 100 fr. en fera autant jusqu'à ce qu'il soit garni de 25 timbres de 5 fr., soit de 125 fr.

C'est alors que le dernier porteur se présentera à la caisse départementale, à la préfecture de Châteauroux, pour y toucher les 100 fr. que cette caisse a reçus au moyen des timbres qu'elle a vendus.

Mais, comme la caisse a touché 25 timbres de 5 fr. soit 125, et qu'elle n'est tenue qu'au remboursement de 100 fr., elle aura un reliquat de 25 fr., soit, pour un million de billets émis, 25,000,000 fr.

Ce sont ces 25,000,000 fr. que le département encaissera pour les distribuer, en loterie, aux billets qui seront favorisés par le sort lors des tirages mensuels.

En voici le tableau :

LOTS.	TIRAGE MENSUEL.		Multipliés par	SOIT PAR ANNÉE.
1 de	50,000	50,000	12 tirages	600,000
10 de	10,000	100,000	id.	1,200,000
10 de	5,000	50,000	id.	600,000
10 de	2,000	20,000	id.	240,000
10 de	1,000	10,000	id.	120,000
100 de	300	30,000	id.	360,000
10,416 de	200	1,823,250	id.	21,880,000
10,557 lots multipliés par 12 mois.		2,083,250	égale	25,000,000
125,012 lots par an.				

Ce qui donne un billet gagnant sur 8, soit

un huitième de chance de gain à la loterie.

Nous faisons observer qu'en Espagne, il y a une loterie tous les mois et qu'il n'y a qu'un numéro gagnant sur 1,500; qu'à Paris il n'y a qu'un numéro qui sort de l'urne sur 15,000.

Mais nous rencontrons une difficulté qui paralyserait l'émission des billets départementaux, si nous ne cherchions à la vaincre.

En effet, dans l'émission des billets créés par l'État, nous avons donné un grand attrait à la souscription, puisque le premier souscripteur a 80 fr. de bénéfice sur les 100 fr. du billet pris par lui. Aussi le preneur du billet ne manquera jamais, le Gouvernement ne pourra suffire aux demandes.

Mais dans le système appliqué aux départements il n'en est pas ainsi.

C'est alors que le département de l'Indre pourrait trouver et trouverait certainement des récalcitrants, et s'exposerait à voir la souscription des billets compromise dès le début.

Il faut donc que le Conseil général fasse tous ses efforts pour encourager la souscription des billets de 100 fr. qu'il émettra.

Il doit en faire les frais.

Nous donnons le moyen efficace d'appeler

le souscripteur du billet de 100 fr., afin qu'il les verse, en espèces, à la caisse départementale.

La caisse, dans le but du succès, apposera au dos du billet six de ses timbres de 5 fr., dans les six premières cases; ce qui fera 30 fr.

Elle en fera remise au souscripteur premier, qui versera 100 fr. en prenant le billet. Elle en fera cadeau à ce premier preneur.

Le possesseur du billet aura versé, il est vrai, 100 fr., mais la caisse gardera sur la somme versée les 30 fr. pour les rembourser lorsque le billet rempli de tous ses timbres lui sera présenté pour être soldé par elle.

C'est bien 30 fr. que le département perdra et qu'il retranchera de ses gains; il n'aura plus que 70 fr. au lieu de 100 fr.

Mais que lui importe, puisqu'il encaisse encore 70,000,000 au lieu de 100,000,000 fr.? tout est profit pour lui.

Mais le premier souscripteur aura pour compensation six timbres, ou pour mieux dire, six souches de ces six timbres, qui lui seront remises gratuitement par la caisse départementale.

Ces six souches donneront au premier souscripteur six chances de partage dans le prix du lot qui sera attribué lors des tirages au billet gagnant.

Il aura droit dans le partage à six vingt-cinquièmes.

Si le lot sorti est de 200 fr. (et c'est le plus bas prix qu'il puisse avoir), le souscripteur recevra six fois 8 fr., soit un gain de 48 fr.

Il faut donc que le département appelle à la souscription de ses billets le capitaliste, le propriétaire, les fournisseurs, par un appât de lucre et une prime importante.

Il ne saurait accumuler trop d'encouragements pour attirer le souscripteur, puisqu'en définitive tout est bénéfice pour lui, et qu'il n'est pas tenu de rembourser les 100 fr. qu'il a reçus tant que le billet ne possède pas les vingt-cinq timbres pour garnir les vingt-cinq cases placées au dos.

Il demeure bien acquis que le département peut faire cette émission, et qu'elle doit réussir, en présence des avantages offerts.

Et il est bien compris que si la réussite n'était que partielle, il ne s'exposerait pas à entreprendre les deux chemins de fer à la fois. Il procèdera avec toute la sagesse et la prudence nécessaires en pareille occurrence.

Récapitulons les dépenses.

Le département aura à payer à l'Etat 5 p. 100 sur l'émission de chaque billet de 100 fr., soit sur 100,000,000 fr.   5,000,000

Il paiera en prime aux premiers souscripteurs 6 timbres de 5 fr., soit   30,000,000

TOTAL,   35,000,000

Il lui restera un bénéfice net de fr.   65,000,000

TOTAL ÉGAL,   100,000,000

Il lui restera encore les 5 timbres de 5 fr., soit 25 fr., pour faire compléter les 125 fr. qui sont dus aux 25 cases du billet en circulation, sous peine de non-remboursement, soit   25,000,000

TOTAL,   125,000,000

Mais, nous l'avons dit, ce sont les 25,000,00 fr. qui seront affectés exclusivement à la loterie.

Si la rentrée de ces 25,000,000 fr. se faisait attendre, il est bien entendu que le département ne devra à la loterie que la somme qu'il aura reçue.

La loterie commencera deux ans après l'émission ; nous supposons qu'il faudra ce laps de temps pour la circulation des billets.

Elle se fera par douzièmes tous les ans. Les billets qui seront sortis à chaque tirage ne pourront plus compter avec les tirages suivants. Ils seront détruits.

C'est donc avec 65,000,000 que le département fera faire les chemins sur son territoire.

Car les départements d'Indre-et-Loire et du Cher, en ce qui concerne le chemin de fer de Tours à Montluçon, devront suivre l'exemple, bon à imiter, de celui que l'Indre aura inauguré ;

A moins qu'ils préfèrent s'entendre avec celui de l'Indre pour concourir à l'émission des billets, dont le nombre, dans ce cas, serait augmenté.

Voilà donc deux chemins de fer qui n'auront rien coûté au département de l'Indre. Est-ce vrai ?

Il n'aura à payer ni dividendes aux actions, ni intérêts aux obligations.

Toutes les recettes seront pour lui, et cela sans partage.

Il en jouira pendant 99 ans, après quoi il fera retour à l'Etat.

Il pourra porter ses tarifs de voyageurs et de marchandises à 50 p. 100 au-dessous de ce qu'ils sont aujourd'hui en France.

Et nous sommes persuadé que cette diminution dans les tarifs aura pour effet d'augmenter de plus de moitié les transports et le nombre de voyageurs, et que les recettes excèderont les revenus kilométriques actuels.

Il y a longtemps que nous avons écrit contre les prix excessifs des tarifs de nos chemins de fer qui paralysent la circulation de la population et des colis.

Nous demandons instamment que le préfet et le Conseil général de l'Indre fassent mettre à l'étude ce travail, qui est un extrait de celui que nous avons publié cette année, et auquel nous *renvoyons pour des renseignements plus complets.*

J'ajoute que je me mets à la disposition de ceux qui désireraient des explications qui pourraient m'avoir échappé dans le cadre restreint de ce Mémoire.

J'avoue que je suis sollicité par mon patriotisme à m'occuper avec acharnement, et sans me laisser rebuter par les obstacles, de faire triompher ce système ; car les besoins du travail à donner aux ouvriers vont tellement devenir impérieux après l'expulsion de ces

*

misérables vandales qui se sont jetés sur notre France, que rien ne doit coûter à ceux qui possèdent, pour soulager par de grands travaux des travailleurs qui vont être affolés de misère avant peu.

Ces millions de Français qui, depuis trois mois, ont été enlevés de leur pays pour aller au secours de la patrie, ont laissé les terres en jachères souvent, l'agriculture en souffrance partout et l'industrie dans un chômage complet.

Le travail, qui est la vie de tous, est mort. Tout a cessé.

Le cataclysme financier qui est venu prouver le vice de nos institutions de crédit et la fausseté de l'organisation des banques actuelles, a ouvert un gouffre où tout s'est englouti. La plaie sera béante et saignera longtemps. Qui pourra la fermer?

Quand nous serons débarrassés du fléau d'Attila, nous nous trouverons en présence d'un peuple qui voudra du travail, du travail quand même. Il faut qu'il vive, après tout.

Après avoir jeté son corps en face des mitrailleuses prussiennes, il ne manquerait plus qu'on le laissât mendier, de château en château, un travail que la pénurie actuelle des capitaux lui refuserait, parce que le corps social et les finances, tels que vingt ans d'empire les ont faits, sont désagrégés et tombés en dissolution.

Le gouvernement de la République paraît accepter les dilapidations de l'Empire ; il a sur le dos un fardeau qui ne l'écrasera pas, je le crois ; mais, nous ne saurions le taire, il lui faut une somme d'énergie dont il ne doit pas nous ménager la dose pour sauver le travail et empêcher le chômage.

Il ne faut pas de faiblesse dans ses décrets. La dictature qu'il a en mains doit sauver le peuple de lui-même ; sans quoi nous sommes exposés à la guerre civile avant trois mois.

Beaucoup me maudiront de tenir un pareil langage, qui contrarie le farniente qu'ils se sont fait depuis 92, en s'appropriant les fortunes de la noblesse et du clergé. Ils ont tout gardé : c'est commode et plus tôt fait.

Mais le travailleur à qui rien n'est laissé de cette dépouille, qu'on le regarde : il ne dit rien, il est doux et bon, il ne demande que du travail.

La propriété est si éprouvée, si obérée d'impôts, qu'elle ne peut avoir des bras qu'elle puisse payer suffisamment, parce que l'argent dont elle a besoin coûte trop cher.

Nous voyons trop qu'elle se ruine en empruntant (quand elle peut emprunter), à 6 p. 100 et plus, pour ne percevoir qu'un revenu de 2 et demi p. 100.

Il faut remédier à ce malaise, à cette plaie qui la dévore.

Voilà pourquoi nous insistons pour qu'on étudie l'idée que nous formulons : le crédit général pour tous.

Avec ce moyen, on donnera autant de travaux que l'on voudra, et la bourgeoisie trouvera ce qui lui manque, le calme et le repos.

Mais laissons ce rôle de Cassandre et faisons en sorte que le crédit soit mieux assis que celui qui nous a été légué par l'Empire.

Il faut se mettre à la recherche des moyens de guérir nos plaies financières.

J'apporte mon contingent; étudiez-le, rejetez-le et trouvez mieux, j'en serai enchanté ; mais trouvez, cela presse. Ne retombez pas dans le crédit factice du passé qui n'a pu résister à la guerre des ravageurs prussiens, à une guerre provoquée par les grands coupables de l'Empire, et qu'il faudrait bien leur faire payer s'il y a une justice au monde. Ce serait un acte de haute moralité.

Mais, est-ce que leurs fortunes suffiraient

pour payer les désastres et milliards de dettes occasionnés par l'Empire? Non, car ils ont sauvé la caisse à l'étranger.

Et cependant cela ne peut continuer ainsi, la hideuse banqueroute serait à nos portes. Il faut amortir la dette nationale. Il faut changer l'assiette des impôts avant tout.

L'impôt foncier tue la propriété, il faut le supprimer.

L'octroi est illogique, il faut l'ôter.

Les contributions indirectes sont vexatoires et injustes, il faut les enlever.

Mais je vois accourir la réponse : Par quoi remplacer les recettes? Il faut un budget. Sera-ce par un impôt sur le revenu net? Non. Il serait faux et inquisitorial, il ne créerait que des jalousies et des dénonciations. Il faut renoncer à tout cela. Il faut changer la forme du crédit, le rendre accessible à tous. C'est le *Crédit général*, répandu par l'État. Organisez-le, il vous fournira le budget que vous voudrez, il vous donnera tout le travail que vous désirerez. Il vous enrichira, il vous sauvera du cataclysme.

Tournez autour de ce crédit tant que vous voudrez, vous finirez, pour vous guider dans notre désert financier, par le prendre comme point de repaire.

La question brûlante du travail *quand même* est là. Il faut l'aborder et la résoudre. Le repos de l'avenir y est tout entier, le travail est l'ennemi du désordre dans la rue.

Ne forcez pas l'ouvrier aux grèves. Il commence à s'y habituer, et le jour où il le voudra bien, il forcera la société possédante à entrer en composition. C'est un feu de paille aujourd'hui, ce sera un incendie demain. Cependant il faut des réformes. Néanmoins il est des esprits qui veulent toucher aux vieilles institutions; déjà on agite la question de la suppression des tribunaux de première instance, des huissiers et des avoués, en abolissant la vénalité des charges; d'augmenter la compétence des juges de paix; de nommer deux avoués *par canton,* payés par l'État; d'envoyer les citations, assignations, tous actes de procédure par la poste, au lieu de les faire porter à grands frais par des huissiers; d'avoir un seul tribunal d'appel par département. Il faut tuer le procès en rendant la justice *gratuite.* Ce n'est pas plus difficile que cela, et l'on épargnera aux plaideurs 30,000,000 d'honoraires qu'ils paient par an.

On ose même parler de la séparation de

l'Église et de l'État, de laisser payer l'Église par les personnes pieuses qui la fréquentent. Nous ne savons trop où l'on s'arrêtera.

On ne conteste pas qu'il y a un malaise général et qu'il ne faut rien négliger pour remettre la Société dans une voie solide et économique ; mais il faut des actes, des actes et laisser les phrases creuses.

Mû par une pensée qui ne me quitte pas plus que mon ombre, celle d'améliorer le sort du peuple et de lui donner l'instrument de sa liberté, l'argent et l'instruction en payant largement les instituteurs, nous ne cesserons de répéter : il faut du travail, du travail et encore du travail aux déshérités.

Châteauroux, le 14 novembre 1870.

BARONNET.

www.ingramcontent.com/pod-product-compliance
Lightning Source LLC
Chambersburg PA
CBHW060817280326
41934CB00010B/2726